자연 다큐 백과
화산과 지진

캐시 퍼갱, 카스틴 피터 지음 / 박유진 옮김 / 윤성효 감수

차례

소개합니다! 6

❶ 지구가 빵 터질 때 8
화산이 뭐예요? 10
지진이 뭐예요? 11
땅의 모양은 어떻게 만들어질까요? 12
무시무시한 자연재해 14
줄줄이 이어지는 피해 16
생생한 자연 관찰 지도로 보는 화산과 지진 18

❷ 화산의 엄청난 힘 20
다양한 화산 지형 22
바다 밑에서 벌어지는 일 24
화산에 관한 재미난 사실 26
화산 활동이 우리에게 주는 도움 28
찰칵! 화산과 지진 사진전 상상을 초월하는 지구 30

❸ 흔들흔들 덜컹덜컹 지진 32
흔들흔들 지진에 대하여 34
지진을 미리 예측하는 동물이 있다고요? 36
지진을 예측하기 위한 노력 38
지진에 단단히 대비해요 40
자연의 힘 vs 사람의 힘 지구 에너지의 영향 42

❹ 펑! 분화하는 화산 44
화산과 지진에 대한 전설 46
사라져 버린 신비의 도시 48
실력 점검, 지진과 화산 퀴즈! 50
영화 속 화산과 지진 52
탐험가가 들려주는 뒷이야기 54

구조에 나서는 동물들 56
도전! 화산과 지진 박사 퀴즈를 풀며 용어를 익혀요 ...60
찾아보기 62

해 뜰 무렵, 미국 하와이주 카일루아코나에서 용암이 바다로 흘러내리고 있어요.

아프리카 탄자니아의 올도이뇨렝가이 화산이 뿜어낸 용암은 공중에서 굳었다가 산산조각으로 부서지기도 해요.

소개합니다!

지구는 언제나 시끌시끌해요.
날마다 지진이 일어나 땅이 흔들리고 갈라져요. 또 화산은 화산재*를 내뿜고, 뜨거운 용암*이 흐르다가 서서히 식어서 새로운 땅을 만들지요. 심지어 바다 밑바닥에 있는 해저 화산에서도 용암이 흘러나와요. 지구 곳곳을 연구하는 지질학자들은 5000개가 넘는 해저 화산을 발견했답니다! 그중에 많은 수는 땅이 조금씩 쌓여서 물 위에 섬을 이루기도 해요. 그 섬은 바람과 파도에 깎이며 모양이 바뀌지요.

지구에 대해 이해하려면, 지구가 처음 생겨난 46억 년 전쯤으로 돌아가야 해요. 이 책을 읽으면서 여러분은 화산의 비탈을 오르고 지진 속에서 이리저리 흔들리는 흥미진진한 여행을 하게 될 거예요.

*화산재: 화산 활동으로 뿜어져 나온 것들 중에서 알갱이가 작은 퇴적물.
*용암: 땅속 깊은 곳에서 암석이 녹은 것을 '마그마', 마그마가 밖으로 분출된 것을 '용암'이라고 한다.

탐험가 인터뷰

안녕하세요! 카스틴 피터예요.
아무도 가 보지 못한 장소를 사진 찍기 좋아한답니다. 화산 분화* 현장, 독가스가 나오는 엄청 뜨거운 동굴, 부글거리는 용암 호수 같은 곳이지요.
스마트폰 카메라가 작동하지 않는 곳도 있어요.
내가 일하면서 가장 많이 고민하는 건 찍고 싶은 장면을 사진에 잘 담아낼 특수 촬영 방법을 찾는 것이랍니다.
지금부터 나와 함께 짜릿한 현장 속으로 떠나 보아요.

*분화: 화산 가스, 마그마 등이 지구 내부에서 표면으로 나오는 현상.

이 사진은 인도네시아의 브로모산이 분화하는 모습이에요. 화산 가스와 화산재 등이 기둥처럼 높게 솟아올라요.

1 지구가 빵 터질 때

화산이 뭐예요?

땅속에 있던 마그마가 땅을 뚫고 분화하면 화산이 생겨요.

땅의 겉면인 지표면에서 약 2900~6370킬로미터 아래에 있는 지구 중심부는 아주 뜨거워요. 온도가 무려 섭씨 5000~7000도 정도랍니다. 암석이 녹아내려 액체*가 될 정도지요. 지구 내부의 열에너지는 땅속에 있는 암석을 녹여요. 이렇게 만들어진 마그마가 땅속에 고여 있다가 압력을 받으면 지표면 밖으로 나와 화산이 되지요. 화산은 땅 위에 생기기도 하고, 바다 밑바닥에도 있어요.

*액체: 물질의 상태. 흐르는 성질이 있고 담는 그릇에 따라 모양이 변하는 상태를 '액체', 그릇에 따라 모양과 크기가 변하지 않는 상태를 '고체'라고 한다.

마그마와 용암
마그마는 열이나 압력 때문에 땅속에서 암석이 녹은 거예요. 이것이 땅을 뚫고 밖으로 나온 것을 '용암'이라고 하지요. 용암의 겉쪽은 몇 분 만에 식기도 하지만, 안쪽은 완전히 식기까지 몇 년이 걸리기도 해요.

부글부글 끓어요
화산 주변에서는 진흙탕이 부글부글 끓으며 김을 내뿜기도 해요.

러시아의 카림스키 화산은 500년 넘도록 활발히 활동해요. 화산재가 검은 연기처럼 보이지요.

지진으로 지표면이 갈라지면서 다리와 도로, 건물이 무너져 내렸어요.

지진이 뭐예요?

지표면에는 지각이라는 얇은 층이 있어요.
지각은 아주 두껍고 단단해 보이지만 지구 전체에서 보면 꽤 얇은 편이에요. 군데군데 갈라져 있기도 하고 여러 개의 조각이 서로 맞물려 있기도 한답니다. 지각이 어떤 힘을 받아 깨지거나 갈라지면 사방이 울리는 느낌을 받는데 이것을 '지진'이라고 해요.
지각을 포함하여 지구 안쪽으로 100킬로미터쯤 되는 영역의 단단한 암석 덩어리를 '판'이라고 불러요. 판은 크고 작은 것이 퍼즐처럼 이어져 있는데, 판과 판이 맞닿는 자리를 '판의 경계선'이라고 해요. 그런데 판은 아주 서서히 움직이고 있어요. 판들이 움직이다가 경계선을 따라 밀리면 겉으로 드러나는 땅의 생김새가 변하지요. 지진이 일어나거나 화산이 분화하기도 해요.
대부분의 지진은 약하게 일어나서 사람들이 알아채지 못해요. 하지만 일부 지진은 파괴력이 엄청나서 산사태와 건물 붕괴, 화재 등을 일으키고 수많은 사람들이 목숨을 잃기도 한답니다.

칠레에서 큰 지진이 일어난 뒤 한 달 만에 여진*으로 땅이 갈라졌어요.

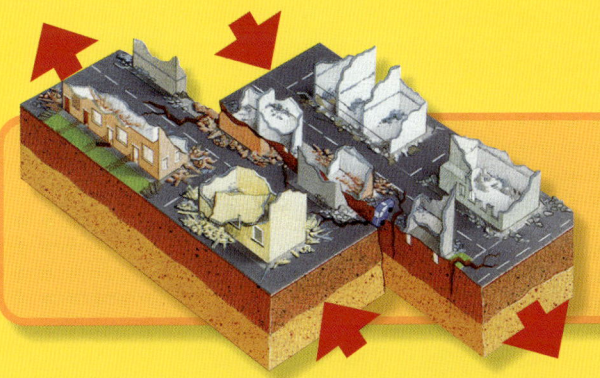

거대한 판의 운동
지구의 판들은 늘 움직이고 있어요. 엄청난 힘을 받으면 휘어지거나 끊어지기도 해요.

잠깐 상식! 지진은 지구가 살아 움직인다는 증거예요. 오늘도 지구 어딘가에서 지진이 일어나고 있답니다.

*여진: 큰 지진 후에 일어나는 작은 지진.

땅의 모양은 어떻게 만들어질까요?

발밑 저 아래 지구 중심부로 탐험을 떠나 볼까요?

그곳은 모든 판의 운동이 시작되는 곳이랍니다. 지구를 삶은 달걀이라고 치면, 지구의 중심핵은 노른자라고 할 수 있어요. 중심핵 주위는 달걀흰자처럼 맨틀이 둘러싸고 있지요. 그리고 바깥쪽에 있는 지각은 달걀 껍데기와 같아요. 지구 중심부의 열이 맨틀을 지나 지각까지 전달되면, 맨틀 위쪽 약 200킬로미터 두께의 물렁한 암석층이 옆으로 돌고 돌아요. 그러면서 그 위의 딱딱한 판을 밀고 당기지요. 별나고도 신비로운 땅의 생김새는 대부분 이러한 과정을 거쳐 만들어진답니다.

화산은 대부분 바다 밑바닥에서 만들어져요. 용암과 화산재가 쌓여서 바다 위로 올라와 섬이 되려면 화산이 수천 번 분화해야 한답니다.

잠깐 상식! 제주도와 울릉도는 땅속 마그마가 지각의 틈으로 뚫고 나오는 화산 활동으로 생겨난 섬이에요.

지각은 대륙 지각과 해양 지각으로 나누어요. 지각의 두께는 5~100킬로미터로 다양하지요.

맨틀은 땅 밑 약 30킬로미터부터 2900킬로미터까지의 단단한 암석 층이에요. 그중 지각 아래의 약 200킬로미터 두께는 물렁물렁한 고체 상태예요.

외핵은 지구 중심핵의 바깥쪽으로 암석이 녹아 액체로 되어 있어요.

내핵은 고체 상태예요. 지구의 중심부지요. 주로 철과 니켈로 이루어져 있어요.

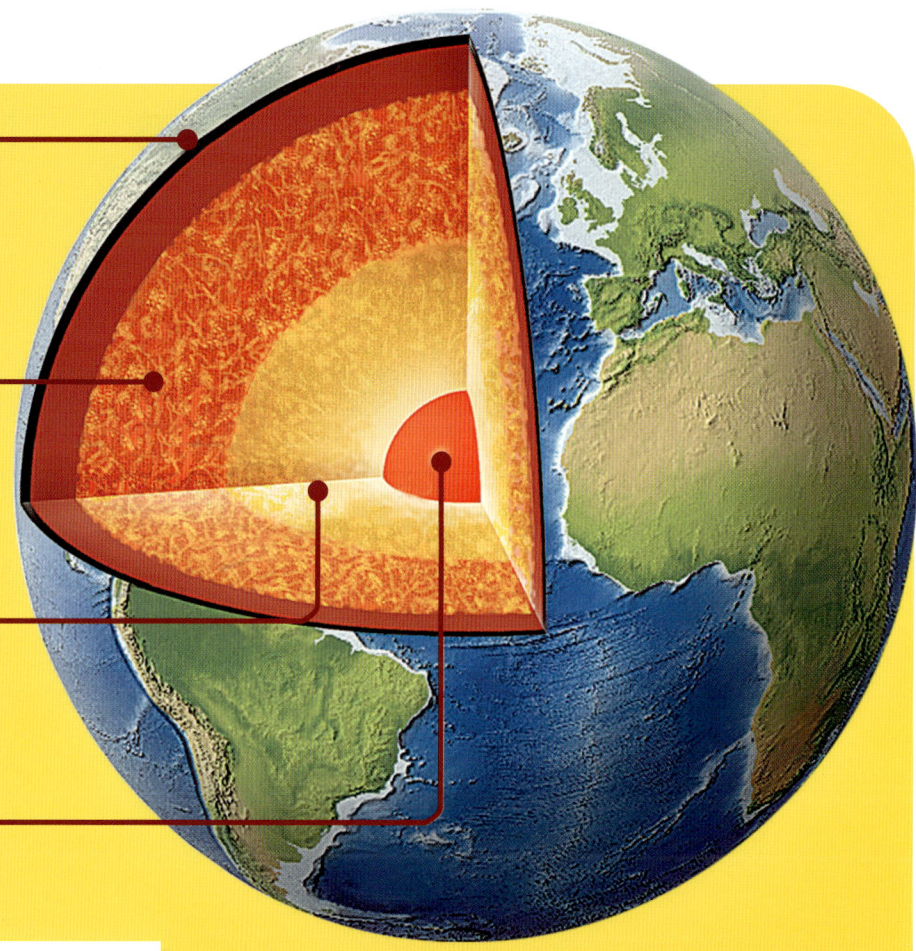

판이 부딪혀 만들어진 산맥

판끼리 서로 충돌하면 지표면이 위로 솟아요. 그것이 몇백만 년 지나 멋진 산맥이 되었네요!

히말라야산맥

건강한 흙

화산암은 흙을 기름지게 해서 나무와 농작물이 잘 자라게 도와주어요. 용암이 식어서 굳으면 화산암이 되지요.

르완다 화산 국립 공원

펑펑 물을 내뿜는 간헐천

미국의 옐로스톤 국립 공원에는 일정한 간격으로 뜨거운 물이나 수증기를 뿜었다가 멎었다가 하는 간헐천이 300개 넘게 있어요. 그중 하나가 올드페이스풀 간헐천이에요. 60~110분마다 물을 내뿜지요. 거대한 화산이 땅속의 물을 데워서 일어나는 현상이랍니다. 하지만 어느 날 화산이 분화한다면 화성 쇄설물*을 1조 톤 넘게 뿜어낼 거예요.

*화성 쇄설물: 화산 활동으로 뿜어져 나온 돌, 재, 먼지 따위.

무시무시한 자연재해

화산 분화와 지진은 엄청난 피해를 낳아요.
지질학자들은 계속해서 지구 내부의 움직임을 관찰하지만 정확히 언제 화산이 분화할지, 언제 지진이 일어날지 미리 알아낼 방법이 없어요. 그래서 자연재해에 대비하는 건 만만치 않지요.
지진이 일어나고 화산이 분화하면 사람들은 많이 놀라요. 수많은 사람의 목숨과 엄청난 재산을 잃게 된답니다. 예로부터 사람들이 겪은 무시무시한 화산 분화와 지진 현장을 사진 자료로 살펴보아요.

지진!

2010년, 아이티 포르토프랭스
2010년 1월 12일에 아이티의 수도이자 가장 큰 도시인 포르토프랭스에서 큰 지진이 일어났어요. 20만여 명이 목숨을 잃고, 150만여 명이 집을 잃었지요. 주요 항구와 공항도 피해를 입었어요. 게다가 몇 달에 걸쳐 위험한 여진이 계속되어서 사람들이 불안에 떨었답니다.

지진!

1906년, 미국 샌프란시스코
미국 캘리포니아주 샌프란시스코에서 일어난 지진은 1분 가까이 계속됐어요. 땅이 마구 흔들릴 때는 1분이 무척 길게 느껴져요. 500킬로미터쯤 떨어진 곳에 있던 사람들도 땅이 흔들리는 걸 느꼈답니다. 이후 시설물 파괴와 화재까지 이어져 도시가 반 이상 파괴되었지요.

화산 분화!

1902년, 마르티니크섬 플레산
이 화산의 분화로 도시가 쑥대밭이 되고 3만여 명이 목숨을 잃었어요. 분화 뒤 몇 달간 걸쭉한 용암이 둥근 지붕 모양을 이루며 흘러내렸지요. 그 지붕은 1년 동안 계속해서 높아졌는데, 하루에 15미터가 쌓인 날도 있었답니다. 결국 무너져서 돌무더기가 되고 말았어요.

화산 분화!

79년, 이탈리아 베수비오 화산

이 화산은 24시간 내내 분화해 가까운 도시인 폼페이와 헤르쿨라네움이 화산재에 파묻혔어요. 화산의 규모가 얼마나 컸는지 화산재가 3미터 가까이 쌓여 건물의 출입구가 막히고 지붕이 내려앉았다고 기록에 남아 있지요. 1500여 년 뒤에야 파묻혔던 두 도시를 발굴했는데 발굴 과정에서 발견된 사람의 화석만 약 2000개였답니다. 몸은 썩어 없어지고, 화산재가 몸에 달라붙어 굳어진 사람 모양의 틀만 남아 있었어요. 고고학자*들은 석고 반죽을 부어 그때의 사람들 모습이 어땠는지 알아보았어요. 그러자 죽기 직전의 사람들이 귀중품을 움켜쥐거나 서로 껴안고 있던 모습이 나타났지요. 오늘날 지질학자들은 베수비오 화산이 또다시 크게 분화할 때가 되었다고 해요.

*고고학자: 옛 인류의 모습을 연구하는 학자.

폼페이에서 발견된 베수비오 화산 분화 사망자들의 석고 모형

탐험가 인터뷰

전 세계 곳곳에서 날마다 지진이 일어나지만 사람들은 잘 알아차리지 못해요. 사람들은 보통 판과 판이 만나는 경계선에 살지 않는다면 지진을 느낄 일이 없을 것이라 생각해요. 하지만 예외도 있죠. 2011년 여름에는 워싱턴 사람들이 규모 5.8 지진에 화들짝 놀라는 일이 있었어요. 지진이 처음 발생한 곳은 160킬로미터쯤 떨어진 곳이었답니다. 다행히 큰 피해는 없었죠.

잠깐 상식! 고고학자들이 폼페이 발굴 현장에서 찾은 빵은 화산재 속에서 원래 모양 그대로 굳어 있었어요.

줄줄이 이어지는 피해

화산과 지진은 정말 무시무시해요.

땅속 깊은 곳에서 일어나는 흔들림이나 움직임은 땅 위나 물속, 산꼭대기에 쌓인 눈 더미에까지 영향을 주지요.

눈사태

눈 덮인 산이 지진으로 흔들리면 눈사태가 일어나요. 눈 더미가 산비탈을 따라 쏟아져 내리면서 뭐든지 덮쳐 버리죠.

2011년, 일본에서 큰 지진이 일어난 뒤 몰려온 지진해일로 배가 호텔 위에 올려졌어요.

지진해일

'쓰나미'라고도 해며, 15~30미터 높이의 거대한 파도예요. 바닷속에서 지진, 산사태, 대규모 화산 분화가 일어나면 엄청난 파도가 해변을 덮치지요. 파도가 자동차와 집은 물론 커다란 배도 번쩍 들어 올려 내동댕이쳐요. 또 엄청난 쓰레기를 육지로 몰고 와 큰 피해를 주지요.

2011년에 뉴질랜드 남섬에 있는 크라이스트처치에서 여진이 계속되어 큰 피해를 입었어요.

타지키스탄의 이스모일소모니봉에서 좁고 가파른 산비탈을 따라 눈사태가 쏟아지고 있어요.

인도네시아의 므라피산에서 화산 분화 후 비가 많이 와서 화산 이류가 일어났어요.

화산 이류

화산이 분화하고 나서 화성 쇄설물이 물에 섞여 빠르게 흘러내리는 것을 '화산 이류'라고 해요. 시설물이 무너지고 농작물이 잠기는 등 큰 피해를 낳지요.

여진

큰 지진 후에 땅이 진정되어 갈 때 여진이라는 작은 지진이 일어나요. 여진도 앞서 일어난 큰 지진 못지않게 많은 피해를 주기도 해요.

잠깐 상식! 해마다 전 세계에서 약 50만 건의 지진이 탐지된답니다.

생생한 자연 관찰
지도로 보는 화산과 지진

- 미국 프린스윌리엄해협, 1964년, 규모 9.2
- 미국 세인트헬렌스산, 1980년
- 멕시코 엘치촌산, 1982년
- 칠레 테무코·발디비아, 1960년, 규모 9.5

북아메리카 / 북아메리카판 / 후안데푸카판 / 카리브판 / 코코스판 / 갈라파고스 제도 / 나스카판 / 남아메리카 / 남아메리카판 / 아프리카판 / 스코샤판 / 대서양

세계의 화산과 지진 발생 지역
- 🌋 역사상 가장 큰 화산 분화
- 🌀 1900년 이후 일어난 가장 큰 지진
- • 주요 화산 발생 지역
- ― 판의 경계

0 — 2000 킬로미터

화산학자들이 이탈리아 시칠리아섬의 에트나산에서 나오는 용암을 조사하고 있어요. 이곳은 세계에서 가장 활발한 화산 중 하나로 꼽혀요.

2 화산의 엄청난 힘

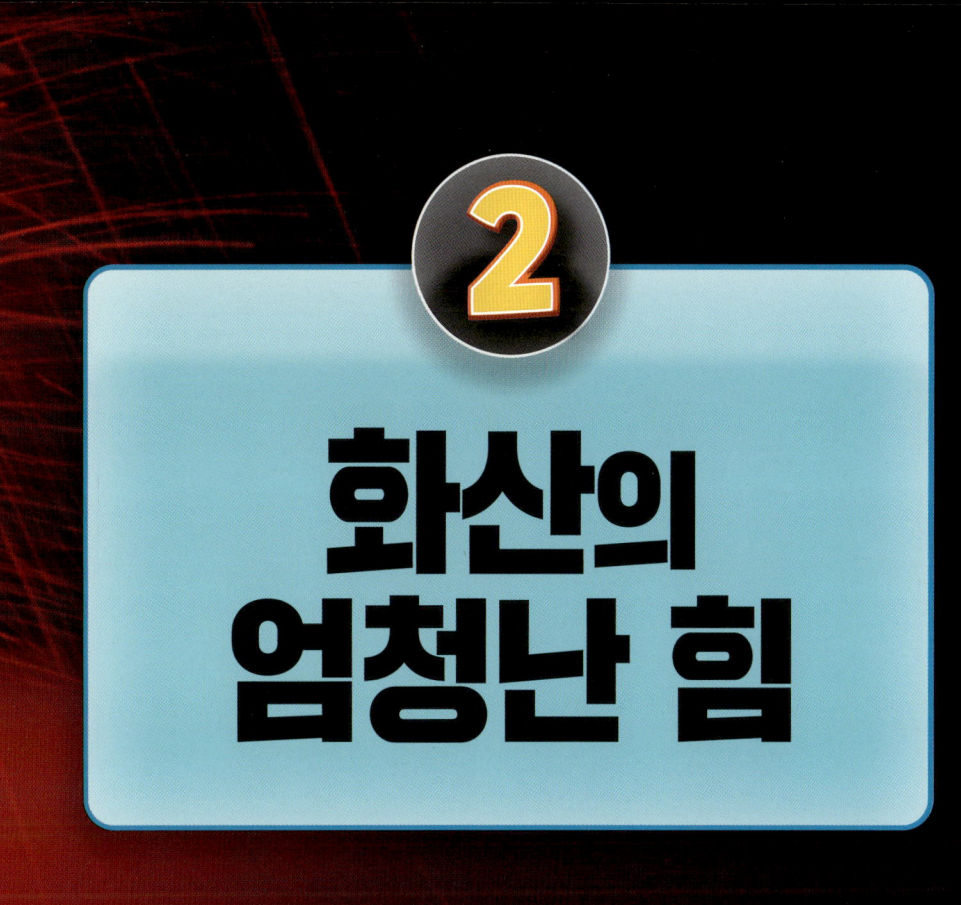

다양한 화산 지형

분화 직전 엄청나게 뜨거운 화산 속에서는 어떤 일이 벌어질까요?

만약 화산의 단면을 들여다볼 수 있다면, '화도'라는 길쭉한 통로가 보일 거예요. 화도는 지각 아래의 마그마 방* 안쪽부터 산꼭대기의 '분화구'라는 구멍까지 이어져 있어요. 간혹 화도에서 마그마가 곁가지처럼 뻗어 나가기도 해요. 화산 속 압력이 높아지면, 탈출구를 찾다가 땅을 뚫고 나와요. 이때 용암, 화산 가스, 화산재, 암석이 분화구 밖으로 터져 나오지요. 이를 화산이 분화한다고 해요.

*마그마 방: 엄청난 양의 마그마가 땅속에 괴어 있는 것.

- 분화구, 화구*
- 화도
- 마그마 방
- 용암과 화산재가 쌓여 굳어진 지층*

*화구: 화산체의 일부에 열려 있는 용암과 화산 가스 따위의 분출구.   *지층: 자갈, 모래, 진흙 등으로 이루어진 암석들이 층을 이루고 있는 것.

화산의 종류

분석구 캐나다 이브콘산

분석구는 아이스크림 콘을 엎어 놓은 모양이에요. 매우 센 화산 분화로 만들어져 분화구가 커요. 몇 년 동안 연기를 뿜다가 분화하기도 하지요.

성층 화산 칠레 리칸카부르산

성층 화산은 용암, 화산재, 화산자갈이 겹겹이 쌓인 원뿔 모양이에요. 분화할 때 화산자갈, 화산재 등이 시간당 수백 킬로미터의 속도로 쏟아져 내려서 만들어져요.

순상 화산 미국 마우나로아산

순상 화산은 전사들이 쓰던 방패처럼 산의 비탈면이 완만해요. 화산이 분화하는 속도가 더뎌서 용암이 높이 솟아오르지 않고, 줄줄 흘러내려서 만들어졌어요.

용암돔 미국 세인트헬렌스산

끈적한 용암이 굳어서 산꼭대기의 분화구를 막은 경우예요. 갈라진 땅 틈새로 끓고 있는 마그마가 보이기도 해요. 화산 속 압력이 높아져서 언젠가 또 터질 수 있어요.

열점

마그마가 분화하는 지점을 '열점'이라고 해요. 열점에서 마그마가 땅을 뚫고 솟아오르면 화산이 생기지요. 열점은 한곳에 고정되어 있지만 그 위를 덮는 판은 계속 움직여요. 그때마다 화산이 분화하면 화산섬이 줄지어 늘어서지요.

칼데라

화산이 폭발적으로 분화하다가 분화구 주변이 무너져 내려 앉으면, 움푹 파인 칼데라가 생겨요. 백두산 꼭대기에 있는 천지도 칼데라예요.

잠깐 상식! 화산재는 하늘에서 내리는 눈보다 열 배나 더 무거워요.

바다 밑에서 벌어지는 일

바닷속 아주 깊은 곳에서는 신비로운 일들이 벌어져요.
지구 중심부에서 나오는 열 때문이지요. 과학자들은 잠수함과 원격 조종 무인 잠수정 같은 첨단 장비로 바닷속 5000미터 아래 모습을 촬영해요. 또 바다 밑바닥을 긁어 조사할 만한 표본을 얻지요. 덕분에 해저 화산에 대해 잘 알 수 있게 되었어요.

깊은 바닷속을 탐사하는 잠수함이 중앙아메리카 근처 바다에 있는 엘바호 해저산을 탐사하고 있어요.

이렇게 뜨거운데 생물이 살아요?
관벌레는 뜨거운 곳에서 잘 자라요. 화산 활동이 일어나는 지역에서 300도가 넘는 뜨거운 물이 올라오는 곳 주변의 세균을 먹고 살아요. 매우 어둡고 뜨겁고 독한 가스가 있는 환경을 좋아하며 몸길이가 2.5미터 가까이 자라기도 해요.

열수구

바닷속 온천에서는 광물*이 풍부한 액체가 열수구로 솟아 나와요. 열수구는 바다 밑 지각에 틈이 벌어질 때 생겨요. 벌어진 틈으로 바닷물이 스며들었다가 마그마의 열로 데워져 다시 뿜어져 나오지요.

연기 열수공은 섭씨 400도 정도의 뜨거운 물이 세차게 나오는 열수구예요. 이 물에는 광물 중 황이 많이 들어 있어서 물줄기가 마치 검은 연기처럼 보이지요.

*광물: 암석을 이루는 작은 알갱이로, 각각 일정한 결정 구조가 있다.

황을 포함한 가스

카나리아 제도 엘이에로섬 앞바다 해저 화산에서 황 성분이 나와 물이 청록색으로 변했어요.

넓어지는 바다 밑바닥

지질학자들은 바다 밑에 있는 판이 어떻게 움직이는지 늘 지켜보고 있어요. 판이 움직이면서 가장자리가 부딪혀 밀려 올라가면 해저 산맥이 솟아올라요.

한편, 판의 이동으로 대륙*도 조금씩 서로 멀어지고 있어요. 그래서 바다도 해마다 2.5센티미터씩 넓어지고 있답니다.

*대륙: 바다로 둘러싸인 거대한 육지.

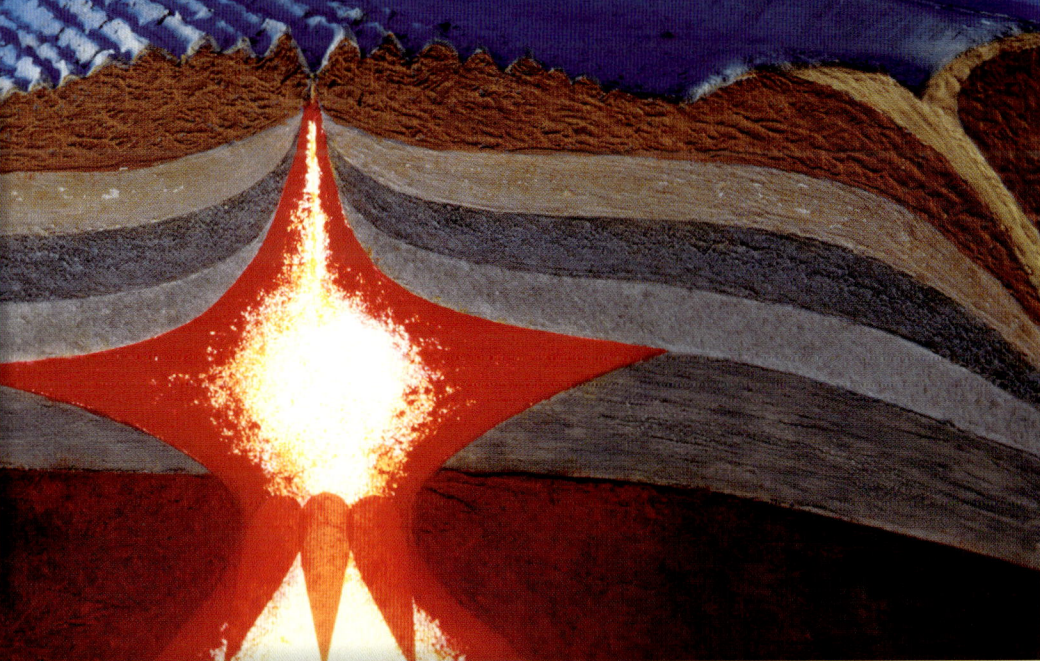

잠깐 상식! 화성에 있는 올림푸스몬스 화산은 밑바닥의 넓이가 대한민국보다 2.9배쯤 커요.

화산에 관한 재미난 사실

화산학자는 화산을 연구하는 사람이에요.

화산을 가까이에서 지켜보며 화산에 대해 많은 것을 알아내지요. 예를 들면 활화산*과 휴화산의 온도 변화, 분화구에서 뿜어내는 이산화황 같은 유독 가스 배출량*을 일정한 시기마다 측정한답니다. 화산학자들이 측정한 자료는 화산이 언제 분화할지 예측하는 데 큰 도움이 돼요. 화산학자들의 연구 덕분에 여러 사람들의 목숨도 구할 수 있지요. 다음은 화산에 관한 몇 가지 재미있는 사실이에요. 우리 함께 화산학자가 알려 준 재미있는 사실들을 살펴보아요.

*활화산: 지금도 화산 활동을 계속하고 있는 화산.
*배출량: 안에서 밖으로 밀어 내보내는 양.

화산학자가 보호복을 입고 화산을 조사하고 있어요.

아이슬란드의 에이야프얄라요쿨 화산

화산 번개

화산이 분화할 때에는 화산재 구름 속에서 번갯불이 번쩍이기도 해요. 화산재 속의 아주 작은 입자들이 서로 부딪혀서 전기가 생기기 때문이에요.

용암튜브

때로는 계곡이나 하천으로 흘러간 용암류*가 겉은 식어서 굳고, 안은 계속 흘러서 관처럼 굴이 생기기도 해요. 멋진 굴은 관광지가 되지요.

*용암류: 분화구에서 흘러내리는 용암. 또는 그 용암이 식어서 굳은 것.

▲ 미국 세인트헬렌스산 에이프케이퍼 용암튜브

◀ 아프리카 카메룬 니오스호

산성 호수

분화구에 생긴 호수에 가스가 많이 녹아 있으면, 그 물이 사람의 피부에 닿았을 때 몇 분 만에 화상을 입을 수도 있어요.

사라진 여름

역사상 가장 크게 분화한 화산은 1815년 인도네시아의 탐보라산이에요. 분화한 이듬해 여름에 화산재가 태양을 가려 지구의 기온을 떨어뜨리고, 농작물이 자라지 못했답니다.

탐험가 인터뷰

화산학자들은 활화산 분화구를 조사할 때 최첨단 장비를 착용해요. 화산학자들이 일하는 모습을 촬영할 때 나도 같은 장비를 입었죠. 알루미늄으로 코팅된 보호복은 원래 미국 항공 우주국(NASA)에서 우주 비행사들을 보호하려고 개발한 거예요. 겉감은 물체를 잘 통과하는 강한 적외선을 반사하고, 안감은 여러 겹으로 되어 있어 섭씨 260도의 고온에서도 몸을 보호해 주지요. 특수 장갑과 부츠, 공기통과 호흡기, 특수 유리 렌즈가 달린 안전모도 필요해요. 심지어 카메라도 열에 잘 견딜 수 있게 제작한답니다.

인도네시아 탐보라산

화산 활동이 우리에게 주는 도움

화산 활동이 우리에게 해를 끼치기만 하는 건 아니에요.
화산은 풍부한 자원을 준답니다. 화성 쇄설물로 만들어진 흙은 식물이 건강하게 자랄 수 있게 해 줘요. 또 깊은 땅속에서 나오는 지열 에너지는 전기를 공급하는 친환경 에너지원이지요. 실제로 아이슬란드에서는 사용하는 전력의 70퍼센트 정도를 화산 지열 발전으로 얻는답니다. 게다가 갖가지 값비싼 광물과 보석도 화산이 만든 작품이에요. 진흙 욕장과 온천도 화산 활동 덕분에 누릴 수 있답니다.

아이슬란드의 지열 발전소 아래에 있는 블루라군에서 관광객들이 온천에 들어가 몸을 데우고 있어요.

잠깐 상식! 일본원숭이는 겨울이 되면 온천에 들어가 몸을 데워요.

진흙 팩
뉴질랜드에 간 관광객들은 광물이 풍부한 화산 진흙으로 피부 관리를 받아요.

땅속에 묻혀 있는 보물
용암이 뿜어져 나올 때 킴벌라이트가 딸려 나오기도 해요. 킴벌라이트는 희귀한 암석인데, 그 속에 가끔 다이아몬드가 들어 있어요.

구멍이 많고 물에 뜨는 돌
부석은 화산암의 한 종류로, 지구에서 가장 가벼운 돌이에요. 돌인데 물에 뜨지요. 목욕할 때 부석으로 팔꿈치와 발의 굳은살을 문지르면 피부가 부드러워져요.

찰칵! 화산과 지진 사진전 상상을 초월하는 지구

자연의 힘은 무섭고도 놀라워요.

지진이 일어나고 화산이 분화하면서 지구의 모습은 우리의 상상을 뛰어넘을 정도로 계속해서 변해요. 세계 곳곳에서 화산과 지진이 만들어 낸 특별한 모습을 사진으로 만나 보아요!

중앙아메리카 코스타리카에 있는 아레날 화산이 해 질 무렵에 분화하고 있어요.

에티오피아의 다나킬함몰지*에 있는 분화구예요.

*함몰지: 주위가 높고 가운데가 낮은 땅.

북아일랜드 자이언츠코즈웨이에는 아주 오래전 화산 분화로 생긴 현무암 주상절리*가 있어요.

*주상절리: 마그마가 굳을 때 여러 개의 돌기둥으로 쪼개져 생긴 지형.

아프리카 지부티의 화산 옆에 지각과 지각 사이의 틈이 보여요.

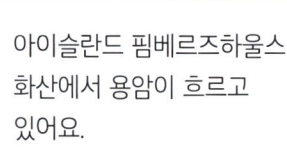

아이슬란드 핌베르즈하울스 화산에서 용암이 흐르고 있어요.

우주에서 찍은 러시아 캄차카반도 모습이에요. 여러 화산이 동시에 분화하고 있어요.

이탈리아 시칠리아섬의 에트나산 분화구에서 용암이 치솟아요.

큰 지진이 일어난 지 3년이 지난 아이티의 포르토프랭스예요. 지진의 흔적이 아직 많이 남아 있어요.

통가 토푸아섬의 칼데라에는 바닷물과 달리 소금기가 없는 민물 호수가 있어요.

미국의 후드산이 트릴리움호에 비쳐요.

강력한 지진 앞에서는 뛰어난 공학 기술도 상대가 안 돼요. 강한 지진이 일어나면 여러 구조물이 순식간에 뒤틀리고 부서지지요. 1995년 일본에서는 지진 때문에 고베와 오사카를 잇던 고속 도로가 무너져 버렸어요.

3 흔들흔들 덜컹덜컹 지진

흔들흔들 지진에 대하여

2012년에 필리핀에서 규모 6.9의 지진이 일어나 마을이 파괴됐어요.

2004년 **인도양 지진** 때 나온 **에너지**는 미국의 모든 가정과 사업체에 **사흘간 전력을** 공급할 수 있는 양이었어요.

지진이 시작된 곳을 '진원'이라 하고, 진원 바로 위 지표면의 지점을 '진앙'이라고 해요.

지진파는 돌멩이를 호수에 던졌을 때 물결이 퍼지는 것처럼 진원을 중심으로 퍼져 나가요. 간혹 진앙에서 몇백 킬로미터 떨어진 곳에 사는 사람들도 땅이 떨리는 걸 느끼기도 해요.

사람들은 수천 년 전부터 지진을 예측하려고 애썼어요. 지진이 언제 일어날지 알면 미리 대비하여 피해를 줄일 수 있으니까요. 오늘날에도 과학자들은 지진의 세기, 지속 시간, 진행 방향을 측정하는 방법을 개발하고 있어요.

모멘트 규모(M_W)와 리히터 규모(M_L)

모멘트 규모와 리히터 규모는 지진이 일어날 때 나오는 에너지의 양으로 지진의 크기를 측정하는 단위예요. 지진의 규모가 8 이하일 때에는 리히터 규모를 많이 쓰지만, 그 이상의 대규모 지진은 모멘트 규모가 더 정확해요. 이 책에 나오는 규모는 모멘트 규모를 나타낸답니다. 그럼 지진의 규모별로 어떤 현상이 나타나는지 알아볼까요?

- **규모9** 아주 격렬해서 지진 경로상의 대부분이 파괴되어요.
- **규모8** 다리가 파괴되고 몇몇 건물만 남아요.
- **규모7** 건물 기초가 흔들리고, 땅이 갈라지며, 지하 수도관이 파괴되어요.
- **규모6** 건물과 구조물에 피해를 입힐 정도로 강해요.
- **규모5** 가구가 움직이고, 벽에 걸린 액자가 떨어져요.
- **규모4** 창문이 깨지고 작은 물건이 떨어져요.
- **규모3** 트럭이 지나가는 정도의 진동이 느껴지지만 피해는 거의 없어요.
- **규모2** 규모2 이하는 사람들이 잘 느끼지 못하지만 지진계에 기록되어요.

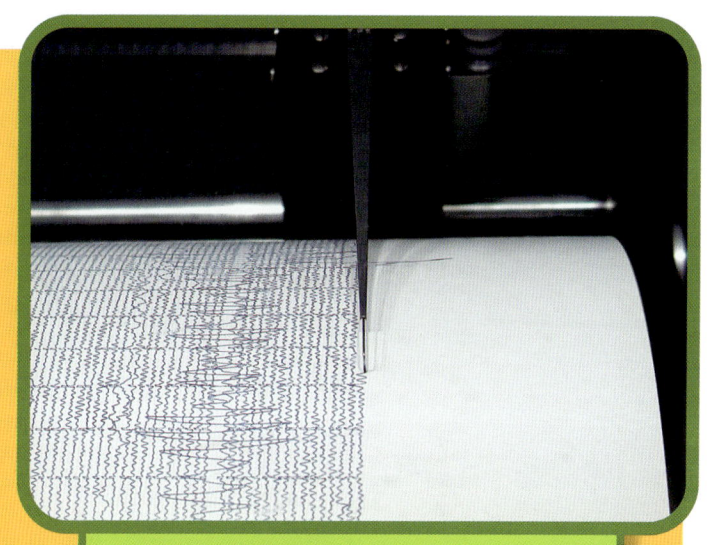

지진 추적하기

지진계를 이용하면, 진원에서부터 퍼져 나가는 지진파의 움직임을 측정하고 기록할 수 있어요. 지진계는 지각 운동*을 전자 신호로 바꿔서 컴퓨터에 기록하며, 지각 운동에서 나타나는 아주 작은 변화도 탐지해 내요. 과학자들은 여러 개의 지진계로 얻은 자료를 종합해서 진원의 위치와 깊이, 지진의 규모를 알아내지요.

*지각 운동: 지구 내부의 에너지로 지각이 변형되는 현상.

고대의 지진 탐지기

고대 중국 한나라의 장형은 78~139년에 살았던 과학자예요. 역사학자들은 장형이 위와 같이 생긴 세계 최초의 지진 탐지기를 만들었다고 해요. 땅이 흔들리면 용이 물고 있는 구슬이 두꺼비 입으로 떨어지며 진앙의 방향을 알려 주었어요.

숫자로 알아보아요!

500,000 매년 전 세계에서 탐지되는 지진 건수.

100,000 매년 전 세계 지진 중에서 사람들이 느낄 정도의 지진 건수.

100 매년 전 세계 지진 중에서 어느 정도의 피해를 입힐 만큼 강한 지진 건수.

17 2020년 우리나라에서 탐지된 지진 중에서 사람이 느낄 정도의 지진 건수.

지진을 미리 예측하는 동물이 있다고요?

동물은 사람보다 땅과 공기의 떨림, 화학 변화 등에 더 민감해요. 그러므로 어느 날 갑자기 동물들이 이상하게 행동한다면 유심히 살펴볼 필요가 있어요. 기원전* 373년 그리스에서 지진이 일어나기 전 쥐, 뱀, 족제비 등이 지진 지역을 미리 빠져나갔다는 기록이 전해져요. 1975년 중국 하이청시에서는 겨울잠을 자던 뱀들이 굴에서 나와 도시 밖으로 달아나는 것을 보고 주민들을 대피시켰는데, 실제로 한 달 후 그곳에서 큰 지진이 일어났어요. 또 2004년 거대한 지진해일이 태국을 덮치기 몇 시간 전에 코끼리들이 불안해하며 높은 지대로 달려 올라갔지요. 일부러 지진을 일으켜서 지진과 동물들의 행동에 어떤 관계가 있는지 실험할 수는 없지만, 동물들이 이상하게 행동할 때는 주의를 기울여야 한답니다.

*기원전: 예수가 태어난 해를 기준으로 그 이전의 시기.

잠깐 상식! 미국 캘리포니아주의 한 지질학자는 지역 신문에 반려동물을 찾는 광고가 늘어난 것을 보고, 곧 지진이 일어날 거라고 예상했어요.

뱀을 조심하세요

1902년 마르티니크섬의 플레산이 분화하기 사흘 전, 살무사 수십 마리가 시내에 나타나 사람 50명과 동물 200마리 정도를 물어 죽였어요. 지네와 개미 들도 화산이 터지기 전에 굴을 떠났지요.

오늘은 알 안 낳아요!

농부들은 닭도 지진이 일어날 조짐을 느끼는 것 같다고 해요. 큰 지진이 일어나기 전에는 닭이 알을 낳지 않았거든요.

탐험가 인터뷰

여기는 북서쪽으로 이동하는 태평양판과 남동쪽으로 이동하는 북아메리카판 사이에 만들어진 샌앤드레이어스 단층*이에요. 이 단층은 작은 사진에 소개된 삼나무숲을 가로질러요. 숲에 있는 나무들 중 어떤 것은 번개 모양으로 방향을 바꾸어 자라기도 했어요. 또 어떤 나무는 단층선*과 나란히 쪼개져 그 틈으로 사람이 들어갈 수 있을 정도랍니다.

*단층: 지구 내부의 에너지를 받아 지층이 갈라져 어긋나는 현상.
*단층선: 지표면에서 갈라진 단층면이 만나는 선.

잠깐 상식! 미국 캘리포니아주 샌앤드레이어스 단층 부근의 판 운동 때문에 로스앤젤레스와 샌프란시스코 동쪽 지역이 서로 조금씩 가까워지고 있어요. 몇백만 년 후에는 두 도시가 이웃하게 될지도 몰라요.

지진을 예측하기 위한 노력

우리나라도 더 이상 지진 안전지대가 아니에요.
지진이 발생하면 우리가 생각하지 못했던 여러 가지 문제들이 생겨요. 사람이 다치거나 죽고 엄청난 재산 피해가 생기지요. 큰 지진으로 도로, 다리, 교통 시설이 망가지면 생활에 꼭 필요한 식품이나 물건을 구하기 어려워요. 하지만 미리 지진에 대비하고 대피할 방법을 훈련하면 큰 피해를 줄일 수 있답니다.

지진해일 경보
지진이 자주 발생하는 바닷가의 도시들은 경보 체계를 갖추고 있어요. 바다 밑에서 지진이 일어나면 도시에 큰 피해를 주기 때문이지요. 바다에 설치한 부표*의 신호를 받아 지진해일 경보기가 작동하면 주민들은 빨리 대피해야 해요. 부표는 지진이 발생한 뒤 해수면의 변화를 관찰하지요.

*부표: 기상 관측, 해양 연구 등을 위해 바다에 설치한 특수 설비.

반복되는 지진
2011년에 일본에서 규모 9.0의 지진이 발생한 후, 규모 5.0 이상의 여진이 400번 넘게 일어났어요.

물결 살피기
여진이 일어나면 연못이나 수영장에 물결이 일어요. 이처럼 갇힌 곳에서 일정한 간격으로 진동하는 것을 '정진동'이라고 해요.

지진해일 모의 실험
미국 오리건주립대학교 파동 연구소의 과학자들은 인공적으로 파도를 일으키는 장치를 만들어 냈어요. 아주 강력한 파도로 해안 지표면이 깎이고 물에 잠기는 현상을 연구하지요.

지진에 단단히 대비해요

지진이 자주 발생하는 곳은 평소에도 대비가 필요해요.
지진에 잘 견딜 수 있는 건물을 짓고, 시설물을 점검해야 하지요.
지진이 발생했을 때 대피 요령을 미리 익히고 연습해 두는 것도 중요해요.
국민재난안전포털 홈페이지에서는 지진과 홍수, 화산 분화 같은
자연재해가 발생했을 때 행동 요령을 영상과 함께 소개하고 있답니다.
방문하여 우리가 할 수 있는 일을 알아 두세요.

미국의 트랜스아메리카 피라미드는 건물의 **기초부**가 **땅과 함께 흔들리도록** 지어져서 지진에 견딜 수 있어요.

도움의 손길

자연재해로 피해를 입은 이재민을 도우려면 자원봉사자의 손길이 많이 필요해요. 적십자 같은 단체와 그 밖의 응급 구조 대원들은 돌무더기에 갇힌 생존자를 비롯해 수많은 목숨을 구해요. 또 구호단체와 자원봉사자들은 자연재해로 삶의 터전을 잃은 사람들이 식량, 물, 생활용품이 있는 장소로 대피할 수 있도록 도와요.

연습을 실전처럼

지진 모의 체험은 실제와 비슷해요. 방이나 자동차 등 우리가 평소에 지내는 곳처럼 꾸며서 지진 모의 체험 장치로 규모 3~8의 지진을 일으키는 거예요. 여기서 대피하는 훈련은 위급한 상황에서 인명 피해를 줄일 수 있어요. 건축가와 기술자는 모의 체험을 통해 지진에 강한 설계 원리를 배울 수 있답니다.

더 튼튼한 건물

멕시코의 멕시코시티에 있는 55층 건물은 규모 8.5의 지진에도 버틸 수 있다고 해요. 바닥 공사를 위해 약 40미터 깊이로 땅을 파서 충격 흡수 장치를 설치했어요. 또 1층부터 30층까지는 2만 1000톤의 철근에 콘크리트를 입혔고, 나머지 윗부분은 충격에 유연하게 흔들리는 강철 기둥으로 지었어요. 건축가들은 건물의 윗부분이 조금 흔들릴 수 있으면 아랫부분이 흔들릴 위험이 적다고 해요.

잠깐 상식! 2010년에 칠레에서 일어난 규모 8.8의 대지진으로 한 도시가 서쪽으로 3미터쯤 이동하고, 지구 자전축도 조금 움직였답니다.

자연의 힘 vs 사람의 힘 지구 에너지의 영향

지진이 일어나거나 화산이 분화할 때는 엄청난 에너지가 나와요.
에너지는 땅의 모양을 바꾸고, 땅을 옮기며, 사람들이 만들어 놓은 시설물을 파괴하지요. 그 영향력은 어느 정도일까요? 우리가 일상생활에서 겪는 상황들과 비교하며 알아보아요.

용암은 얼마나 뜨거울까요?

용암의 평균 온도는 섭씨 900~1200도 정도예요. 오븐을 가장 뜨겁게 달궜을 때의 온도보다 서너 배 더 높아요.

원자 폭탄보다 훨씬 강력한 화산 분화

1883년 인도네시아 크라카타우섬에서 화산이 분화할 때 나온 에너지의 양은 제2차 세계 대전 때 일본 히로시마에 떨어진 원자 폭탄보다 약 1만 3000배 더 컸어요.

잠깐 상식! 1883년에 크라카타우섬에서 화산이 분화한 소리는 4700킬로미터쯤 떨어진 곳에서도 들렸답니다.

지진해일은 얼마나 빨리 이동할까요?

지진해일은 바닷속 깊은 곳에서 비행기 속도와 비슷한 시속 800킬로미터로 이동해요.

판은 얼마나 빠르게 움직일까요?

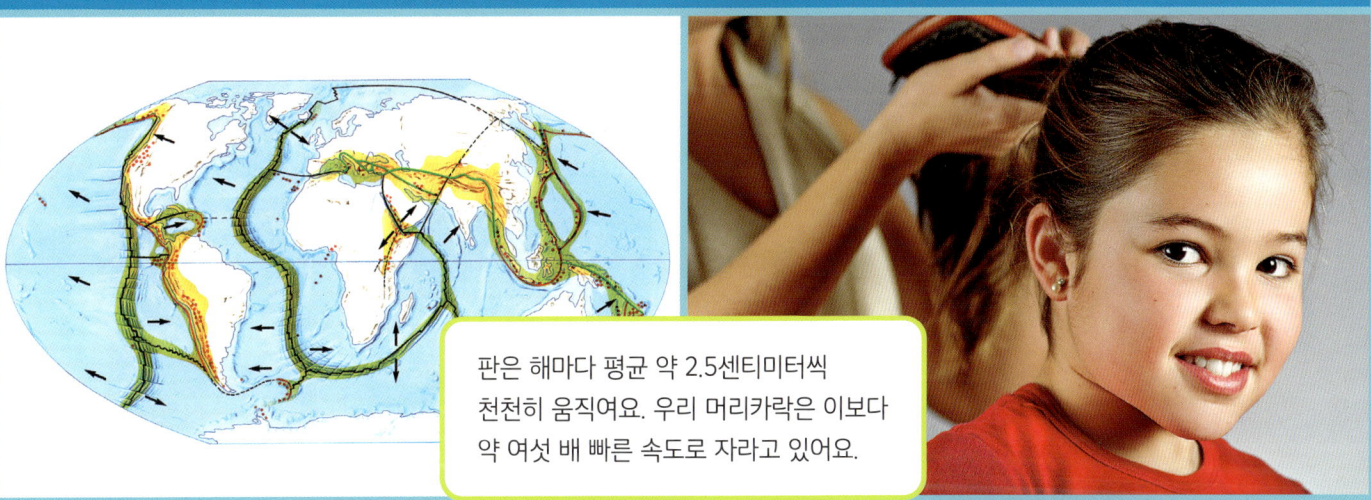

판은 해마다 평균 약 2.5센티미터씩 천천히 움직여요. 우리 머리카락은 이보다 약 여섯 배 빠른 속도로 자라고 있어요.

지진이 일어나면 에너지가 얼마큼 나올까요?

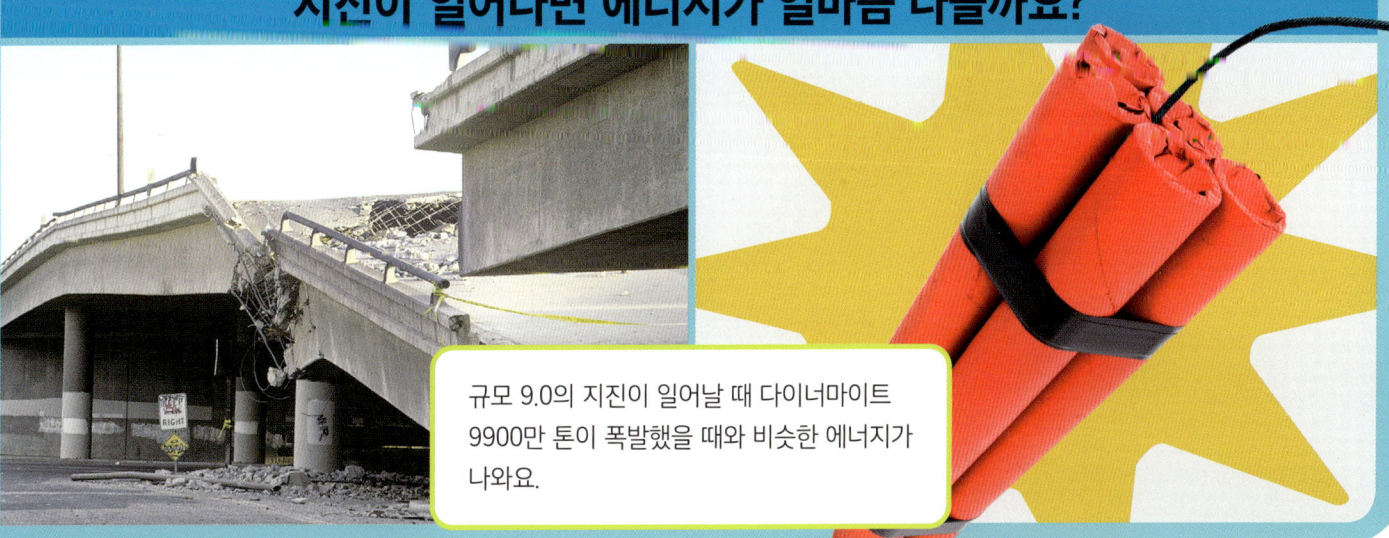

규모 9.0의 지진이 일어날 때 다이너마이트 9900만 톤이 폭발했을 때와 비슷한 에너지가 나와요.

한 여행자가 인도네시아에 있는 화산을 오르고 있어요. 모험을 좋아하는 사람들에게 화산은 인기 있는 여행지랍니다.

4 펑! 분화하는 화산

화산과 지진에 대한 전설

오랜 옛날 사람들은 화산이 분화하고 지진이 일어나면 자연이 분노했다고 믿었어요. 그러면서 불 같은 화산과 들썩들썩 땅이 흔들리는 지진에 대한 여러 가지 전설을 만들어 냈지요. 이러한 이야기에는 종잡을 수 없는 자연 현상을 이해하려는 사람들의 노력이 담겨 있어요. 예부터 전해 내려오는 전설은 오늘날 많은 예술 작품과 이야기에 영감을 주었답니다.

불카누스

오래전 로마인들은 불의 신 불카누스를 받들었어요. 불카누스가 화산을 다스린다고 믿었거든요. 사람들은 불카누스에게 화재가 나지 않게 해 달라고 빌었고, 그를 섬기고 기도하기 위해 건물을 짓기도 했어요. 신화에 따르면 손재주가 좋았던 불카누스는 금속을 달궈 다양한 물건들을 잘 만들었고, 사랑과 아름다움의 여신인 베누스와 결혼했다고 해요.

불의 여신 펠레

하와이에서는 불의 여신 펠레 이야기가 전해져요. 펠레는 하와이섬 킬라우에아 화산의 분화구 안에 살면서 용암을 다스리는 여신이랍니다. 사람들은 펠레가 화나면 화산을 분화해서 모든 것이 파괴될 거라고 믿었어요. 그래서 화산 주변의 돌을 가져오지도 않았답니다. 하지만 어떤 사람들은 펠레가 아름다운 하와이섬을 만든 창조자이자 자비로운 여신이라고 생각하기도 했지요.

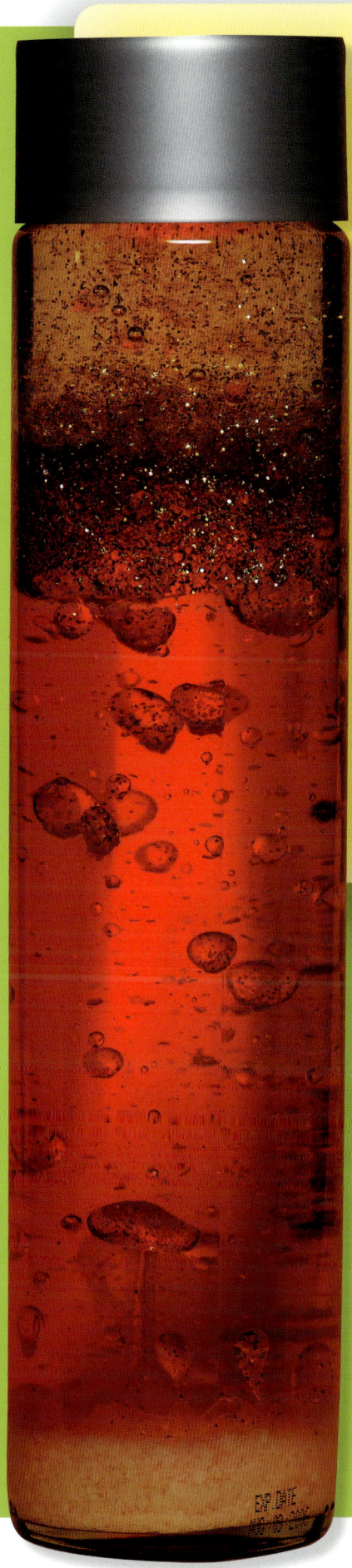

용암 램프를 만들어 볼까요?

*준비물: 투명하고 긴 병, 컵, 식용유, 빨간 식용 색소, 소금, 손전등

1 병에 물을 새끼손가락 높이까지 채워요.

2 식용유를 3분의 2컵 넣어요. 다 채웠을 때 위에 공간이 남아야 해요.

3 기름이 떠오르면 빨간 식용 색소를 두 방울 떨어뜨려요.

4 빨간색 기름에 소금을 한 꼬집씩 넣어요. 기름이 위아래로 움직일 때 뒤에서 손전등을 비추면 꼭 용암이 끓어오르는 것 같아 보여요.

어떤 원리일까요?

용암 램프에는 용암처럼 보이는 빨간 기름이 들어 있어요. 기름은 물에 떠요. 하지만 소금은 물에 가라앉아서 기름을 끌고 내려가요. 가라앉은 소금이 물에 다 녹으면 기름이 다시 위로 떠오르는 거예요.

숫자로 알아보아요!

5895 미터 킬리만자로산의 높이예요. 이 산은 아프리카에서 가장 높은 산이며, 화산이 분화해서 만들어졌어요.

4169 미터 하와이섬의 대부분을 차지하는 마우나로아산의 높이예요. 이 산은 바다 밑 약 4000미터부터 솟아 있어요.

30 킬로미터 1947년에 아이슬란드의 헤클라 화산이 분화했을 때 화산재 구름이 도달한 높이예요.

500 미터 아이슬란드의 아스캬 화산이 분화했을 때 용암이 치솟은 높이예요.

사라져 버린 신비의 도시

이곳은 오래전 사라진 도시예요.
사라진 대륙 아틀란티스는 역사가와 과학자들 사이에서 계속 논란거리가 되고 있어요. 기원전 360년경, 그리스의 철학자 플라톤은 대서양* 밑으로 영영 사라져 버린 아틀란티스섬에 관한 글을 썼어요. 그 글에는 아틀란티스가 불과 하루 만에 바닷속으로 사라져 버렸다고 적혀 있지요. 1800년대가 되어 어떤 사람이 세계 곳곳에서 일어난 홍수의 역사를 연구하다가 플라톤의 글이 사실일 가능성도 있다고 말했어요.

*대서양: 19쪽 지도 참조.

플라톤의 글이 진짜일까요?
플라톤이 남긴 『대화록』에는 섬나라였던 아틀란티스가 배가 다닐 수 있는 운하*와 터널을 갖출 만큼 발달했다고 나와 있어요. 광활한 들판과 농장에서는 먹을거리가 났고요. 일부 학자들은 아틀란티스가 화산 분화와 지진 때문에 사라졌다고 주장하고 있어요.
또 일부 학자들은 이 글이 기원전 1620년 지중해에 있는 산토리니섬 화산 분화로 미노스 문명*이 멸망한 사건을 기록한 것이라고 주장한답니다.

*운하: 배가 지나갈 수 있도록 사람이 만들어 낸 수로.
*미노스 문명: 지중해의 크레타섬에서 발달한 고대 문명.

그 밖의 추측들
아틀란티스가 실제로 있었는지, 그렇다면 어디에 있었는지에 대한 주장은 여러 가지예요. 안데스산맥 근처, 미국 플로리다주 근처 바다, 중앙아메리카나 아프리카에 있었다는 주장도 있지요.

플라톤 조각상

사라진 도시 아틀란티스 상상화

산을 만들어요!

땅의 생김새는 어떻게 달라질까요? 두꺼운 종이와 매직을 준비하여 산이 솟아오르는 상황을 만들어 볼까요?

만드는 방법

1. 하얀 도화지에 크기가 다른 산을 그려요. 산의 이름도 지어 보세요.
2. 도화지 양쪽 끝에 손바닥을 대고 천천히 가운데로 밀어요. 도화지에 그려진 산봉우리가 솟아오르며 변하는 모습을 관찰해요.

원리 알기

도화지를 가운데로 모으는 것은 판이 움직이면서 밀려 올라가는 현상과 같아요. 이 실험을 실제처럼 하려면 손을 1년에 약 2.5센티미터씩 움직여야 해요. 판은 그만큼 천천히 움직이니까요.

그리스 산토리니섬

잠깐 상식! '아틀란티스'는 그리스 신화에 나오는 바다의 신 포세이돈의 첫째 아들 이름에서 따왔답니다.

실력 점검, 지진과 화산 퀴즈!

지진과 화산은 그 세기를 수치로 나타낼 수 있어요.
지진은 리히터 규모와 모멘트 규모로, 화산은 화산 분화 지수로 등급을 매겨요. 화산 분화 지수는 화산이 폭발적으로 분화할 때 나온 화산재, 화산자갈 같은 화성 쇄설물의 총 부피와 규모 등에 따라 결정돼요. 화산 분화 지수가 '0'이면 용암이 조용히 흘러나왔다는 뜻이고, '8'이면 화산재 구름이 43킬로미터 위로 치솟았다는 뜻이에요.

지진의 세기에 따른 피해 알아보기

모멘트 규모와 사진에 나오는 지진의 피해 정도를 알맞게 짝지어 보세요.

- **A** 규모 1~3
- **B** 규모 4~5
- **C** 규모 6~8

알맞은 화산 찾기

앞에서 배운 화산의 종류를 잘 기억하고 있나요? 문제를 풀다가 화가 폭발하지 않길 바라요. A~D까지 화산 유형에 해당하는 사진을 골라 짝지어 보세요. 23쪽을 다시 읽고 풀어도 좋아요.

1

2

A 분석구
B 순상 화산
C 성층 화산
D 용암돔

3

4

화산 활동으로 만들어진 암석

마그마나 용암이 굳어서 생긴 암석을 '화성암'이라고 해요. 화성암은 마그마가 지표면 가까이에서 굳은 '화산암'과 땅속 깊은 곳에서 굳은 '심성암'으로 나뉘어요.

흑요암
이산화규소가 풍부한 마그마가 너무 빨리 식어서 유리처럼 생긴 화산암.

부석
마그마가 빠르게 식으면서 가스가 빠져나가 공기 주머니가 많은 가벼운 화산암.

화강암
석영, 장석이 큰 결정을 이루어 밝은 바탕에 검은 점이 보이는 심성암.

반려암
철과 마그네슘이 풍부한 마그마가 땅속 깊은 곳에서 식어서 만들어진 심성암.

잠깐 상식! 과거에 화산 활동을 했던 백두산은 지하에 마그마 방이 살아 있어 앞으로도 분화할 수 있어요.

영화 속 화산과 지진

화산과 지진은 영화에서 자주 등장해요.
아래의 설명을 잘 읽고, 관계있는 영화를 짝지어 보세요.

❶ 나우루호에산
뉴질랜드의 통가리로 국립 공원 한복판에 솟아 있는 세 화산 중 가장 늦게 생겼어요. 솟아오른 원뿔 모양이 거의 완벽한 대칭을 이루어 무척 신비로워요.

❷ 워싱턴 기념탑
2011년에 미국 워싱턴에서 지진이 일어나 워싱턴 기념탑에 금이 갔어요. 그보다 2년 앞선 2009년에 워싱턴에서 자연재해가 일어나는 영화가 개봉되었어요.

❸ 에트나산
이탈리아의 시칠리아섬 동쪽에 있는 활화산이에요. 유럽에서 제일 높은 화산이며, 세계에서 가장 활발히 활동하는 화산으로 꼽혀요.

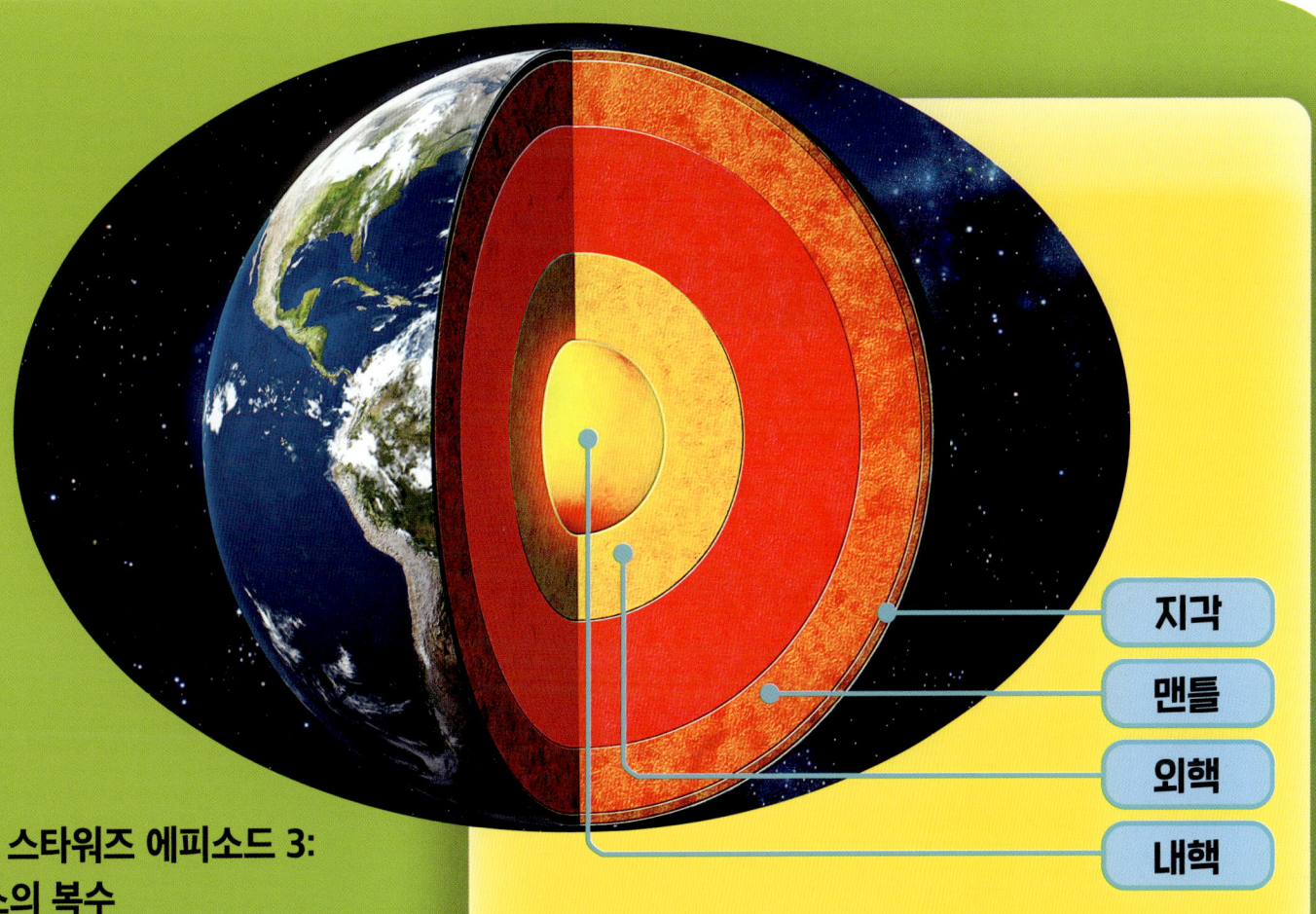

Ⓐ 스타워즈 에피소드 3: 시스의 복수

「스타워즈 에피소드 3: 시스의 복수」에서 무스타파 행성 장면을 찍은 곳이에요.
[힌트] 아마도 촬영 팀은 영화를 찍으면서 파스타를 맛있게 먹었을 거예요.

Ⓑ 반지의 제왕

「반지의 제왕」에서 나오는 '운명의 산'은 모든 것을 지배하는 절대 반지와 그에 깃든 암흑의 힘이 만들어진 곳이에요. 그곳은 절대 반지를 파괴할 수 있는 유일한 장소이기도 해요.
[힌트] 이 영화는 지구의 남반구에 있는 나라에서 촬영했어요.

Ⓒ 2012

큰 지진으로 여러 도시가 바닷물에 잠기고 건물들이 무너지며 지구가 멸망 위기에 놓였을 때, 한 남자가 가족을 구하려고 사투를 벌이는 이야기예요.
[힌트] 이 영화에는 백악관이 나와요.

땅속에는 무엇이 있을까요?

아래 설명을 읽고, 관계있는 것을 위 그림에서 찾아보세요.

Ⓐ 2900킬로미터 두께의 단단한 암석층이에요. 지각 아래의 약 200킬로미터는 물렁물렁한 고체 상태예요.

Ⓑ 5~100킬로미터 두께의 단단한 암석층이에요. 지구가 사과라면 사과 껍질에 해당해요.

Ⓒ 지구 가장 깊숙한 곳이고, 철과 니켈로 이루어져 있어요.

Ⓓ 매우 뜨거운 액체 상태인 철과 니켈로 이루어져 있어요.

잠깐 상식! 뉴질랜드에 있는 통가리로산은 1839~1975년 동안 70번 이상 분화했어요.

탐험가가 들려주는 뒷이야기

2021년 5월 22일, 니라공고 화산이 분화했어요!

콩고에 위치한 니라공고 화산은 아프리카에서 가장 활발한 활화산이에요. 지질학자들은 니라공고 화산이 분화할 가능성을 예측하고 오랜 기간 화산이 언제 분화할지 알아내기 위해 노력했어요. 화산 주변에 많은 사람들이 살고 있어서 큰 피해를 입을 수 있기 때문이에요. 수시로 분화구에서 나오는 가스나 암석을 연구하고 점검했답니다. 한때 나도 니라공고 화산 조사에 참여한 적이 있어요. 우리는 분화구에서 약 400미터 떨어진 지점에 머물렀다가 하루 만에 정상에 도착했어요. 그곳은 마그마의 뜨거운 열기가 느껴지고, 심지어 시뻘건 마그마가 솟구쳐 오르는 게 보였지요. 멋진 광경이었지만 정말 무시무시했답니다.

하지만 우리에게는 더 두려운 임무가 있었어요. 탐사대 전원이 특수 장비를 착용하고 분화구 안쪽 벽을 타고 내려가 약 250미터 아래 지점에 텐트를 쳤지요. 그곳의 공기는 우리가 산 밑에서 마시던 공기와는 전혀 달랐습니다. 매운 가스와 금속 물질이 가득해서 장비 없이는 숨을 쉴 수 없었어요. 지질학자들은 장비를 준비하고 가스의 성분을 분석했지요.

이렇게 정기적으로 분화구 주변의 환경을 점검하다 보면 언젠가는 화산이 분화하는 원인을 알게 되겠지요? 나는 사진을 촬영하기 위해 탐사에 참여했는데 이제 더 이상 분화구 속으로 들어갈 필요는 없을 것 같아요. 이미 분화구 바닥 부글부글 끓는 마그마 호수의 가장자리까지 다녀와 봤으니까요!

카스틴 피터가 니라공고 화산 현장 안전한 곳에서 포즈를 취하고 있어요.

구조에 나서는 동물들

지진과 화산 같은 자연재해가 일어났을 때 동물이 구조에 참여하기도 해요.

특수한 훈련을 받은 수색 구조견도 공기와 땅의 냄새를 맡으며 살아남은 사람들의 흔적을 찾아내지요. 수색 구조견은 사람 몸에서 나오는 피부 세포의 냄새를 맡도록 훈련한답니다.

수색 구조견은 소방관과 경찰관, 그 밖의 특수 조련사와 함께 다니며 수많은 목숨을 구해 주어요. 개보다 작은 동물도 구조를 도울 수 있어요. 바퀴벌레는 구조견이 들어가기에 너무 좁거나 위험한 곳에 영상 장비가 달린 카메라를 메고 들어갈 수 있어요. 과학자들은 약한 전기 신호로 바퀴벌레를 조종해서 사람이 갇혀 있을 만한 곳을 수색하지요. 구조대는 영상 장비로 수집한 자료를 분석해서 어느 구역을 먼저 파헤칠지, 어느 구역을 각별히 조심하며 치워야 할지 정할 수 있답니다.

영상 장비를 단 바퀴벌레는 지름이 약 2.5센티미터인 25센트짜리 동전보다 조금 커요.

2011년 3월, 일본에서 큰 지진과 지진해일이 일어났어요. 구조대원과 구조견이 생존자를 찾고 있어요.

2010년, 아이슬란드 에이야프얄라요쿨 화산이 화산재를 내뿜는 바람에 비행기 운항이 일주일 정도 중단되었어요. 화산재가 비행기 엔진에 고장을 일으키기 때문이에요.

도전! 화산과 지진 박사 퀴즈를 풀며 용어를 익혀요

분화 중인 하와이섬 킬라우에아 화산 위에 헬리콥터 한 대가 떠 있어요.

여러분의 화산과 지진 지식을 확인할 시간! 다음 용어의 뜻을 잘 읽고, 표시된 페이지로 가서 쓰임을 확인하세요. 이어지는 퀴즈까지 맞혔다면, 여러분을 화산과 지진 박사로 인정합니다!

1. 마그마
암석이 땅속에서 뜨거운 열을 받아 녹은 것 (7, 10, 12, 22, 23, 25, 30, 51, 54쪽)

다음 중 마그마가 땅속에 괴어 있는 곳을 무엇이라고 하나요?
a. 화도
b. 화구
c. 분화구
d. 마그마 방

2. 모멘트 규모
지진이 일어날 때 에너지의 크기를 측정하는 단위로, 규모 8 이상의 대규모 지진에서 발생하는 에너지를 계산하기에 효율적임. (35, 50쪽)

다음 중, 규모 9.5 지진에 대한 설명으로 가장 알맞은 것은 무엇일까요?
a. 약하다.
b. 보통이다.
c. 작은 피해를 입힌다.
d. 피해가 심각하다.

3. 열수구
광물이 풍부한 뜨거운 물이 깊은 바다 밑바닥에서 새어 나오는 곳 (25쪽)

다음 중 열수구가 있을 만한 곳은 어디일까요?
a. 고르고 평평한 바다 밑
b. 얕은 바다
c. 물고기가 많이 사는 곳
d. 바다 밑 지각이 벌어진 곳

4. 용암
지표면을 뚫고 밖으로 나온 마그마 (5, 6, 7, 10, 13, 14, 20, 22, 23, 27, 29, 30, 31, 42, 46, 47, 50, 51쪽)

다음 중 언제 용암을 볼 수 있을까요?
a. 지진해일이 일어날 때
b. 지진이 날 때
c. 화산이 분화할 때
d. 여진이 일어날 때

5. 지열 에너지
지구 내부의 열에서 비롯된 에너지 (28쪽)

다음 중 지열 에너지는 어디에서 올까요?
a. 지진을 일으키는 힘
b. 화산의 마그마
c. 우주
d. 멀고 깊은 바다

6. 지진해일
바다 밑에서 지진이 일어나거나 화산이 크게 폭발해서 생긴 엄청나게 거대한 파도 (17, 36, 39, 43, 56쪽)

지진해일이 위험한 까닭은 무엇일까요?
a. 빨리 이동하기 때문에
b. 엄청난 쓰레기를 몰고 오기 때문에
c. 해안 도시를 불에 잠기게 하기 때문에
d. 위 세 가지 모두

7. 지진계
지각의 움직임을 탐지해서 지진파를 기록하는 기계 (35쪽)

지진계는 무엇을 기록할까요?
a. 태풍
b. 지진해일
c. 지진
d. 화산

8. 칼데라
화산 분화 중 분화구가 내려앉아 움푹 팬 지형 (23, 31쪽)

다음 중 칼데라를 고르세요.
a. 마우나로아산
b. 백두산 천지
c. 한강
d. 필리핀 제도

9. 화성암
마그마나 용암이 굳어서 만들어진 암석 (51쪽)

용암이 빠르게 식어 구멍이 숭숭 뚫린 암석은 무엇인가요?
a. 흑요암
b. 부석
c. 반려암
d. 화강암

10. 휴화산
옛날에는 분화한 적이 있지만, 지금은 분화를 멈춘 화산 (26쪽)

다음 중 휴화산을 알맞게 설명한 것은 무엇일까요?
a. 다시 분화할 가능성이 없다.
b. 화산재와 화산 가스가 나온다.
c. 매일 용암을 뿜는다.
d. 다시 분화할 가능성이 있다.

정답: 1-d, 2-d, 3-d, 4-c, 5-b, 6-d, 7-c, 8-b, 9-b, 10-d

찾아보기

ㄱ

간헐천 13
고고학자 15
관벌레 24
광물 25, 28, 29
구조견 56

ㄴ

나스카판 19
나우루호에산 52
남아메리카판 19
내핵 13, 53
눈사태 16, 17
니라공고 화산 54
니켈 13, 53

ㄷ

다나킬함몰지 30
단층선 38
대륙 지각 13

ㄹ

르완다 화산 국립 공원 13
리히터 규모 35, 50

ㅁ

마그마 7, 10, 12, 22, 23, 25, 30, 51, 54
마그마 방 22, 51
마르티니크섬 14, 37
마우나로아산 47
맨틀 12, 13, 53
모멘트 규모 35, 50
므라피산 17
미노스 문명 48

ㅂ

바퀴벌레 56
반려암 51
백두산 23, 51
베누스 46
베수비오 화산 15
보석 28
부석 29, 51
부표 39
북아메리카판 18, 19, 38
분석구 23, 51
분화구 22, 23, 26, 27, 29, 30, 31, 46, 54
불카누스 46
브로모산 8

ㅅ

산사태 11, 17
산성 호수 27
산토리니섬 48, 49
샌앤드레이어스 단층 38
샌프란시스코 14, 38
성층 화산 23, 51
순상 화산 23, 51
스코샤판 19
시칠리아섬 20, 31, 52
심성암 51

ㅇ

아레날 화산 30
아스캬 화산 47
아틀란티스 48, 49
아프리카판 19
에너지 10, 18, 34, 35, 38, 42, 43
에이야프얄라요쿨 화산 26, 58
에트나산 20, 31, 52

여진 11, 14, 17, 39
연기 열수공 25
열수구 25
열점 23
오스트레일리아판 18
온천 25, 28
올도이뇨렝가이 화산 6
올드페이스풀 간헐천 13
외핵 13, 53
용암 5, 6, 7, 10, 13, 14, 20, 22, 23, 27, 29, 30, 31, 42, 46, 47, 50
용암튜브 27
용암돔 23, 51
용암류 27
울릉도 12
유라시아판 18
이스모일소모니봉 17
인도판 18

ㅈ

자연재해 14, 40, 52, 56
자이언츠코즈웨이 30
자전축 41
장형 35
정진동 39
제주도 12
중심핵 12, 13
지각 11, 12, 13, 22, 25, 30, 35, 53
지각 운동 35
지부티 30
지열 에너지 28
지진 모의 체험 40
지진 탐지기 35
지진해일 17, 36, 39, 43, 56
지진계 35
지진파 34, 35

지질학자 7, 14, 15, 25, 36, 54
진앙 34, 35
진원 34, 35
진흙 욕장 28

ㅊ

철 13, 51, 53

ㅋ

카리브판 19
카림스키 화산 10
카일루아코나 5
칼데라 23, 31
캄차카반도 18, 31
캐롤라인판 18
캐퍼리콘판 18
코코스판 19
크라이스트처치 17
크라카타우섬 18, 42
크레타섬 48
킬라우에아 화산 46, 60
킬리만자로산 47
킴벌라이트 29

ㅌ

탐보라산 18, 27
태평양판 18, 38
토푸아섬 31
통가리로산 53
트랜스아메리카 피라미드 40

ㅍ

판 11, 12, 13, 15, 18, 19, 23, 25, 38, 43, 49

펠레 46
포르토프랭스 14, 31
폼페이 15
플라톤 48
플레산 14, 37
필리핀해판 18
핌베르즈하울스 30

ㅎ
해양 지각 13
해저 산맥 25
해저 화산 7, 24, 25
헤르쿨라네움 15
헤클라 화산 47
화구 22
화도 22
화산 번개 27
화산 이류 17
화산 분화 지수 50
화산섬 23
화산암 13, 29, 51
화산자갈 23, 50
화산재 7, 10, 12, 15, 22, 23, 27, 47, 50, 58
화산학자 20, 26, 27
화성 쇄설물 13, 17, 28, 50
화성암 51
환태평양 조산대 18, 19
활화산 26, 27, 52, 54
후드산 31
후안데푸카판 19
휴화산 26
흑요암 51
히말라야산맥 13

사진 저작권

Front cover, beboy/Shutterstock; **Back cover(LE)**, Jiji Press/AFP/Getty Images; **(RT)**, Alberto Garcia/Corbis; **(MIDDLE)**, Dennis Albert Richardson/Shutterstock; **1**, Nyein Chan Naing/epa/Corbis; **2–3**, Jiji Press/AFP/Getty Images; **4–5**, Nick Selway/National Geographic My Shot; **6**, Carsten Peter/National Geographic Stock; **7 (UP)**, Jason Tharp; **7 (LO)**, Carsten Peter/National Geographic Stock; **8–9**, niphon saengpueng/iStockphoto; **10**, Bychkov Kirill Alexandrovich/Shutterstock; **10 (UPRT)**, Robert Crow/Shutterstock; **10 (LORT)**, Carsten Peter/National Geographic Stock; **11 (UPLE)**, Ric Francis/ZUMA Press/Alamy; **11 (UPRT)**, fpolat69/Shutterstock; **11 (LO)**, Richard Ward/Dorling Kindersley RF/Getty Images; **12**, R McIntyre/Shutterstock; **13 (UP)**, National Geographic Stock; **13 (CTR LE)**, Ankit Gulati/National Geographic My Shot; **13 (LORT)**, Michael S. Lewis/Corbis; **13 (LOLE)**, Robynrg/Shutterstock; **14 (UP)**, Niko Guido/iStockphoto; **14 (LOLE)**, Universal Images Group/Getty Images; **14 (LO CTR)**, Corbis; **14 (LORT)**, Carsten Peter/National Geographic Stock; **15 (UP)**, Mondolithic Studios; **15 (LO LE)**, Bettmann/Corbis; **15 (LO RT)**, Jason Tharp; **16 (LO)**, Medford Taylor/National Geographic Stock; **16 (UP)**, Danilo Dungo/National Geographic My Shot; **17 (UP)**, Adrian Page/Alamy; **17 (LO)**, Ulet Ifansasti/Getty Images; **18–19 (BACK)**, NG Maps; **18 (UP)**, imagebroker/Alamy; **18 (UP LE)**, Øystein Lund Andersen/iStockphoto; **18 (LO)**, NASA/Science Source; **19 (LE)**, Valeriy Poltorak/Shutterstock; **19 (RT)**, SPL/Science Source; **20–21**, Carsten Peter/National Geographic Stock; **22**, Frank Innolito; **23 (UPLE)**, All Canada Photos/Alamy; **23 (UPRT)**, Salvatore Gebbia/National Geographic My Shot; **23 (CTR LE)**, Image Science and Analysis Laboratory/NASA/JSC "The Gateway to Astronaut Photography of Earth"; **23 (CTR RT)**, All Canada Photos/Alamy; **23 (LOLE)**, Image Science and Analysis Laboratory, NASA/JSC "The Gateway to Astronaut Photography of Earth"; **23 (LORT)**, Douglas Peebles Photography/Alamy; **24–25**, Dorling Kindersley/Getty Images; **24 (CTR)**, Brian J. Skerry/National Geographic Stock; **24 (LOLE)**, Image courtesy of Monika Bright—University of Vienna, Austria/NOAA; **25 (UPLE)**, OAR/National Undersea Research Program (NURP)/NOAA; **25 (UPRT)**, NASA/Corbis; **26**, Vilhelm Gunnarsson/National Geographic My Shot; **26 (LOLE)**, Carsten Peter/National Geographic Stock; **27 (UP)**, Kevin Schafer/Corbis; **27 (CTR)**, Eric Bouvet/Gamma-Rapho/Getty Images; **27 (LOLE)**, Pavel Borisov/Alamy; **27 (LO RT)**, Jason Tharp; **28–29**, Cyril Ruoso/JH Editorial/Minden Pictures; **29 (UPRT)**, Keren Su/Corbis; **29 (CTR RT)**, Joel Arem/Photo Researchers RM/Getty Images; **29 (LO)**, Rob kemp/Shutterstock; **30 (CTR LE)**, Mark Vincent Mueller/National Geographic My Shot; **30 (CTR RT)**, Chris Johns/National Geographic Stock; **30 (LOLE)**, NCG/Shutterstock; **30 (LOCTR)**, Chris Johns/National Geographic Stock; **30 (LORT)**, Snorri Gunnarsson/National Geographic My Shot; **31 (UPLE)**, NASA image by Robert Simmon, using data from the NASA/GSFC/METI/ERSDAC/JAROS, and U.S./Japan ASTER Science Team; **31 (UPRT)**, Antonio Zimbone/National Geographic My Shot; **31 (LOLE)**, Luis Marden/National Geographic Stock; **31 (LORT)**, Larry Andreasen/National Geographic My Shot; **31 (CTR)**, Dieu Nalio Chery/AP Images; **32–33**, Dario Mitidieri/Getty Images; **34**, DENNIS M. SABANGAN/epa/Corbis; **35 (UP)**, matt matthews/iStockphoto; **35 (LO)**, SSPL/Science Museum/Getty Images; **36**, Chaiya Danchaiyaphum/iStockphoto; **37 (UP)**, Valentina_S/Shutterstock; **37 (LO)**, Gualberto Becerra/Shutterstock; **38**, U.S. Geological Survey; **38 (INSET UP)**, 2009fotofriends/Shutterstock; **38, (INSET LO)**, Jason Tharp; **39 (LE CTR)**, Akiko Yamazaki/Mainichi Newspaper/Aflo/Nippon News/Corbis; **39 (UPRT)**, Karin Hildebrand Lau/Shutterstock; **39 (LOLE)**, Africa Studio/Shutterstock; **39 (LORT)**, John Stanmeyer LLC/National Geographic Stock; **40 (RT)**, Japanese Red Cross/IFRC/Getty Images; **40 (LO)**, Jae C. Hong/AP Photo; **41**, Dorothy Alexander/Alamy; **42 (UP)**, Digital Vision; **42 (LO)**, Elena Elisseeva/Shutterstock; **43 (UP LE)**, dieKleinert/Alamy; **43 (UP RT)**, Luiscar74/Shutterstock; **43 (CTR LE)**, Sadatsugu Tomizawa/AFP/Getty Images; **43 (CTR RT)**, Lev Kropotov/Shutterstock; **43 (LOLE)**, spirit of america/Shutterstock; **43 (LORT)**, Charles Mann Photography; **44–45**, Dudarev Mikhail/Shutterstock; **46 (LE)**, Andrew Cowin/Travel Ink/Corbis; **46 (RT)**, Dave G. Houser/Alamy; **47 (LE)**, Mark Thiessen, NG Staff; **47 (UP (1))**, M. Unal Ozmen/Shutterstock; **47 (UP (2))**, design56/Shutterstock; **47 (UP (3))**, 4kodiak/iStockphoto; **47 (UP (4))**, Scott Bolster/Shutterstock; **47 (UP (5))**, Picsfive/Shutterstock; **48 (UP)**, Mary Evans Picture Library/Everett Collection; **48 (LO)**, Nick Pavlakis/Shutterstock; **49 (UP)**, Samot/Shutterstock; **49 (LO)**, vs148/Shutterstock; **50 (UP)**, Kiyoshi Ota/Bloomberg via Getty Images; **50 (LO LE)**, Steve Helber/AP Images; **50 (LORT)**, Jonathan Feinstein/Shutterstock; **51 (1)**, Mauricio Handler/National Geographic Stock; **51 (2)**, Dennis Albert Richardson/Shutterstock; **51 (3)**, All Canada Photos/Alamy; **51 (4)**, Michael Fairchild/Peter Arnold/Getty Images; **51, (all rocks)**, Visuals Unlimited/Getty Images; **52 (1)**, Lonely Planet Images/Getty Images; **52 (2)**, SurangaWeeratunga/Shutterstock; **52 (3)**, RZ Design/Shutterstock; **52 (A)**, 2005. Industrial Light & Magic/TM and © Twentieth Century-Fox Film Corporation. All rights reserved/Courtesy Everett Collection. **52 (B)**, 2003, © New Line Cinema/courtesy Everett Collection. **52 (C)**, © Sony Pictures/Everett Collection, Inc.; **53**, Andrea Danti/Shutterstock; **54 (LO)**, Carsten Peter/National Geographic Stock; **55**, Carsten Peter/National Geographic Stock; **56 (LE)**, Splash News/Corbis; **57**, Yasuyoshi Chiba/AFP/Getty Images; **58–59**, RGB Ventures LLC dba SuperStock/Alamy; **60**, Douglas Peebles/Corbis; **63**, Ulet Ifansasti/Getty Images;

지은이 캐시 퍼갱

미국 뉴욕주의 올버니에서 어린이를 위한 지식책을 쓰고, 과학 교과서를 편집하는 일을 한다. 생활 속 과학 지식을 발견하여 독자들에게 알려 주는 일이 즐겁다.

지은이 카스틴 피터

내셔널지오그래픽의 사진 기자로 일하며, 사람이 가기 힘든 아찔한 현장에서 특별한 사진을 찍는 일에 매력을 느낀다. 소름 끼치는 독가스 동굴과 산성 폭포, 용암이 흐르는 화산을 탐험하기도 했다.

옮긴이 박유진

서울대학교에서 생물학을 전공하고 서울재즈아카데미에서 음악을 공부했다. 현재 바른번역에서 전문 번역가로 활동하고 있다. 옮긴 책으로 『어린이를 위한 종의 기원』, 『자연이 만든 가장 완벽한 도형, 나선』, 『지식의 백과사전 공룡』, 『비주얼 과학』 등이 있다.

감수 윤성효

부산대학교 사범대학에서 과학교육(지구과학), 부산대학교 대학원과 일본 큐슈대학에서 화산학을 공부하고, 부산대학교 사범대학 지구과학교육과 교수로 재직 중이다. 부산대학교 사범대학장, 한국암석학회장, 한국화산방재학회장, (사)제주화산연구소장을 역임하였고 현재 화산특화연구센터장을 맡고 있으며, 대한민국을 대표하는 화산학자로 백두산 화산을 연구하고 있다. 『자연재해와 방제』, 『백두산 대폭발의 날』, 『지질학 용어의 뿌리』, 『인간과 자연재해』 등 여러 책을 지었다.

1판 1쇄 펴냄 - 2021년 10월 11일, 1판 3쇄 펴냄 - 2024년 12월 26일
지은이 캐시 퍼갱, 카스틴 피터 **옮긴이** 박유진 **감수** 윤성효 **펴낸이** 박상희 **편집장** 전지선 **편집** 이요선, 이정선 **디자인** 신지아, 신현수, 시다현
펴낸곳 (주)비룡소 출판등록 1994. 3. 17.(제16-849호) **주소** 06027 서울시 강남구 도산대로1길 62 강남출판문화센터 4층 **홈페이지** www.bir.co.kr
전화 02)515-2000 **팩스** 02)515-2007 **제품명** 어린이용 각양장 도서 **제조자명** (주)비룡소 **제조국명** 대한민국 **사용연령** 3세 이상

NATIONAL GEOGRAPHIC KIDS EVERYTHING : VOLCANOES AND EARTHQUAKES
Copyright © 2013 National Geographic Partners, LLC.
Korean Edition Copyright © 2021 National Geographic Partners, LLC.
All rights reserved.
NATIONAL GEOGRAPHIC and Yellow Border Design are trademarks of the National Geographic Society, used under license.
이 책의 한국어판 저작권은 National Geographic Partners, LLC.에 있으며, (주)비룡소에서 번역하여 출간하였습니다.
저작권법에 의해 한국 내에서 보호를 받는 저작물이므로 무단 전재와 무단 복제를 금합니다.
ISBN 978-89-491-3212-9 74400 / ISBN 978-89-491-3210-5 (세트)